AF364770

9 786144 629741

فَتَحْتُ نَافِذَةَ الشُّرْفَةِ.. دَخَلَ الهَوَاءُ المُنْعِشُ.. اهْتَزَّ جَنَاحَا الفَرَاشَةِ.. رَأَيْتُهَا تَتَحَرَّكُ بِبُطْءٍ كَأَنَّ النَّافِذَةَ تَمْتَصُّهَا.. وَفِي لَحَظَاتٍ.. كَانَتِ الفَرَاشَةُ تَطِيرُ خَارِجَ الشُّرْفَةِ.. تَرْقُصُ وَتَضْحَكُ.. رَاقَبْتُهَا.. فَوَجَدْتُهَا تَتَّجِهُ نَحْوَ الحَدِيقَةِ القَرِيبَةِ نَحْوَ صَدِيقَاتِهَا الفَرَاشَاتِ.. لِتَنْعَمَ بِالحُرِّيَّةِ...

1 – ماذا كانَ الوَلدُ يفعَلُ في طريقِ عَوْدَتِهِ مِنَ المَدْرَسَةِ؟

....

2 – ماذا وَجَدَ الوَلَدُ في حَديقةِ الوُرودِ التي زَرَعَها؟

....

3 – لماذا ترقَّفَتِ الفَرَاشةُ عن الرَّقصِ؟

....

4 – ماذا فعلتِ الفَرَاشةُ حينَ فتَحَ لها الوَلَدُ نافذةَ الشُّرفةِ؟

....

الفَراشةُ الرَّاقصةُ

تأليف: د. طارق بكري

رسوم: نور التوبة

دار الرُّقيّ
للطباعة والنشر والتوزيع

فِي حَدِيقَةٍ قَرِيبَةٍ مِنْ بَيْتِنَا فَرَاشَاتٌ كَثِيرَةٌ، مِنْ كُلِّ الأَلْوَانِ..

فِي كُلِّ يَوْمٍ وَفِي طَرِيقِ عَوْدَتِي مِنَ المَدْرَسَةِ أَمُرُّ عَلَى الحَدِيقَةِ.. أَزُورُ الفَرَاشَاتِ وَأَفْرَحُ بِالنَّظَرِ إِلَيْهَا.. ثُمَّ أَعُودُ مُسْرِعاً إِلَى البَيْتِ..

وَفِي يَوْم.. قَرَّرْتُ أَنْ أَزْرَعَ فِي شُرْفَةِ غُرْفَتِي وُرُودًا جَمِيلَةً.. أَعْتَنِي بِهَا وَأَسْقِيهَا بِنَفْسِي..

وَأَخَذَتْ هَذِهِ الْوُرُودُ تَكْبُرُ مَعَ الْأَيَّامِ.. وَكُنْتُ أَتَمَنَّى أَنْ تَزُورَنِي الْفَرَاشَاتُ كَمَا تَزُورُ الْحَدِيقَةَ الْقَرِيبَةَ..

كُنْتُ أَذْهَبُ إِلَى الْحَدِيقَةِ مِثْلَ كُلِّ يَوْمٍ وَأُكَلِّمُ الْفَرَاشَاتِ وَأَدْعُوهَا لِزِيَارَةِ مَنْزِلِي.. ثُمَّ أَضْحَكُ عَلَى نَفْسِي.. وَهَلْ تَفْهَمُنِي الْفَرَاشَاتُ؟

وَفِي صَبَاحٍ جَمِيلٍ.. وَقُبَيْلَ ذَهَابِي إِلَى الْمَدْرَسَةِ.. نَظَرْتُ إِلَى الشُّرْفَةِ كَعَادَتِي عَلَى أَمَلٍ.. وَكَانَتْ سَعَادَتِي كَبِيرَةً وَأَنَا أَرَى فَرَاشَةً مُلَوَّنَةً جَمِيلَةً.. تَطِيرُ حَوْلَ وُرُودِي.. تَلْتَهِمُ رَحِيقَهَا.. وَتَبْدُو ضَاحِكَةً سَعِيدَةً.. وَكَأَنِّي أَسْمَعُ رَنَّةَ ضِحْكَاتِهَا...

وَرَأَيْتُ الْفَرَاشَةَ تَطِيرُ بِفَرَحٍ.. تُحَرِّكُ جَنَاحَيْهَا.. تَرْقُصُ دُونَ تَوَقُّفٍ.. تَأْتِي عَلَى وَرْدَةٍ حَمْرَاءَ.. ثُمَّ وَرْدَةٍ بَيْضَاءَ.. ثُمَّ صَفْرَاءَ.. ثُمَّ تُعِيدُ الْكَرَّةَ كَأَنَّهَا تُرِيدُ أَنْ تَأْكُلَ مِن كُلِّ أَصْنَافِ الْوُرُودِ..

فَخَرَجْتُ إِلَى الشُّرْفَةِ.. وَكَانَتْ شُرْفَةً صَغِيرَةً.. صَنَعَ لَهَا أَبِي شُبَّاكاً مِنْ زُجَاجٍ.. وَبِسُرْعَةٍ خَاطِفَةٍ.. أَغْلَقْتُ الزُّجَاجَ.. لِتَبْقَى الفَرَاشَةُ الرَّاقِصَةُ فِي شُرْفَتِي إِلَى حِينِ عَوْدَتِي مِنَ المَدْرَسَةِ..

وَطَوَالَ اليَوْمِ كُنْتُ أُفَكِّرُ بِالفَرَاشَةِ.. لَقَدْ أَصْبَحَ عِنْدِي بُسْتَانُ وُرُودٍ وَفِيهِ فَرَاشَةٌ مُلَوَّنَةٌ.. أَخْبَرْتُ كُلَّ أَصْدِقَائِي بِذَلِكَ.. لَكِنَّهُمْ لَمْ يُصَدِّقُونِي.. وَفِي طَرِيقِ عَوْدَتِي مِنَ المَدْرَسَةِ لَمْ أَزُرِ الحَدِيقَةَ كَعَادَتِي.. فَقَدْ كُنْتُ مُكْتَفِياً بِفَرَاشَتِي الَّتِي تَنْتَظِرُنِي فِي الشُّرْفَةِ..

وَعِنْدَمَا وَصَلْتُ الْبَيْتَ ذَهَبْتُ مُبَاشَرَةً إِلَى الشُّرْفَةِ، كُنْتُ قَدْ أَغْلَقْتُ بَابَهَا بِإِحْكَامٍ.. تَوَقَّعْتُ أَنْ أَرَى الْفَرَاشَةَ تَطِيرُ وَتَرْقُصُ كَمَا تَرَكْتُهَا فِي الصَّبَاحِ..

وَلَكِنَّي لَمْ أَجِدِ الْفَرَاشَةَ.. خِفْتُ أَنَّهَا رُبَّمَا تَمَكَّنَتْ مِنَ الْفَرَارِ... وَلَكِنْ كَيْفَ وَقَدْ أَغْلَقْتُ عَلَيْهَا كُلَّ الْمَنَافِذِ.. وَأَوْصَيْتُ أُمِّي أَلَّا تَفْتَحَ بَابَ الشُّرْفَةِ..؟؟

بَحَثْتُ عَنْهَا.. وَبَعْدَ بَحْثٍ طَويلٍ.. وَجَدْتُ الفَرَاشَةَ تَخْتَبِئُ تَحْتَ وَرَقَةٍ مِنْ أَوْراقِ سَاقِ زَهْرَةٍ.

وَجَدْتُهَا حَزِينَةً.. ضَعِيفَةً هَزِيلَةً.. فَأُصِبْتُ بِالعَجَبِ... مَا سِرُّهَا؟؟ لِمَاذَا تَغَيَّرَتْ؟؟ وَكُلُّ شَيْءٍ مَوْجُودٌ هُنَا.. لَدَيْهَا طَعَامٌ وَلَدَيْهَا مَاءٌ.. والشُّرْفَةُ مُلْكُهَا وَحْدَهَا..؟؟